<u>Introduction</u>

Dans ce chapitre, je vous conseille de vous plonger dans la mode, sans passer par la grande théorie de l'histoire de la mode ; il faut également de la spontanéité, de la passion et de la liberté, en suivant nos propres choix et préférences.

J'ai hâte d'avoir plus d'informations sur le sujet.
Il y a tellement de choses, un peu d'aide ne serait pas de refus.
J'aimerais oser et tenter des looks plus originaux !!

Dès qu'il s'agit du « vêtement », chacun a une vision différente de la mode.

Il y a diverses catégories de personnes :

- qui suivent la mode et ses tendances
- qui portent que de la marque
- qui pensent confort et pas esthétique
- qui portent que du "fast-fashion"
- qui ont leur propre style
- qui confectionnent leurs propres vêtements selon leurs idées
- qui portent ce qu'on leur dit de porter
- qui veulent que du pratique et de la simplicité

En général, le vêtement a une importante place dans la vie d'une personne, c'est peut-être que du matériel pour certains, mais pour d'autres, c'est une façon de s'exprimer, de montrer sa personnalité, sa différence, autre que la parole.

Le vêtement doit être confortable pour que vous vous sentiez bien dedans, il faut que vous soyez content de l'avoir acheté et que vous ayez l'envie de le mettre et de le remettre après.

C'est tellement "beau" de voir les gens, aimer ce qu'ils portent, qu'ils se sentent confortable, qu'ils portent des vêtements qui les mettent en valeur, qu'ils créent des styles, des looks selon leurs envies, qu'ils expriment leurs goûts avec plaisir : il faut s'amuser tout simplement.

Commençons par le début, il faut avant tout s'aimer, c'est important pour votre épanouissement personnel, votre bien-être.

Dans la vie, on est confrontés aux critiques, qu'elles soient positives ou négatives, constructives ou non.

C'est à nous d'accepter de les entendre, de les analyser et de mettre de côté celles que vous estimez inutiles pour vous.

Il y a des critiques que vous jugerez utiles pour vous aider à avancer et à vous motiver pour la suite de votre vie.

Chacun à un corps particulier que vous acceptez ou pas : il y a différentes morphologies et les complexes de chacun mais il faut aimer votre corps.

Osez si vous voulez essayer d'autres choses, élargissez vos goûts personnels tout en mettant en valeur votre corps.

Être bien dans son corps, peut vous aider à être plus sûr(e) de vous, à être positif et aller de l'avant.

Je vous parle d'acceptation de soi, de son corps, de mise en valeur de soi ; c'est ce qui agira sur votre vie.

Ne pensez pas aux avis, critiques, comportements négatifs autour de vous, soyez positif et avancez.

Comme tout le monde, vous avez des choses que vous aimez et des choses que vous n'aimez pas, c'est normal ; vous pouvez avoir des différences de goûts avec une ou plusieurs personnes.

Dans la mode, il y a énormément de thèmes, de tendances, de styles, de techniques en tout-genre, c'est un domaine très vaste et c'est intéressant, car vous avez le choix, vous êtes libre de regarder, apprendre, réfléchir et choisir ce que vous voulez.

Même si vous ne connaissez pas l'univers de la mode, ce n'est pas grave, vous savez ce que vous voulez ou pas, que ce soit au niveau de la couleur, du modèle, de la taille, de l'utilisation du vêtement, de la qualité.

Un style vestimentaire c'est un ensemble de vêtements, qui crée un univers précis, un thème, un look, c'est marqué par une tenue, soit accompagnée d'accessoires ou pas. Il peut aussi être défini par des coupes de vêtements singuliers qui exprime une particularité.

Les accessoires peuvent définir aussi votre style mais ce sont les vêtements qui sont un atout fort.

Tout cela est en rapport avec l'image que vous voulez renvoyer aux autres, également à vos goûts et vos idées, il marque votre personnalité, votre personne, votre identité ; c'est ce qui vous caractérise.

Vous avez des idées de l'image que vous voulez montrer aux gens donc exprimez-vous !

Pour définir votre style vestimentaire, il y a plusieurs options :

- Vous suivez les tendances qui se renouvellent constamment.
- Vous adoptez un ou les styles déjà créés.
- Vous créez votre propre style en combinant différents types de vêtements.
- Vous créez votre propre style en mélangeant d'autres styles.
- Vous partez d'un style existant et vous le modifiez mais en gardant un ou des éléments.
- Vous avez une pièce que vous aimez énormément et vous la déclinez de diverses façons.
- Vous créez vos vêtements et vous donnez vie à un nouveau style propre à vous-même.

Cela peut être défini par des couleurs, des coupes, des motifs, des styles, des accessoires, des types de vêtements, des tissus, des techniques, des détails etc.... qui sont « à la mode », que les gens portent beaucoup, qu'on retrouve partout et qui sont populaires.

Vous pouvez voir ces tendances dans les magazines de mode, sur internet, dans les défilés de mode, sur les réseaux sociaux.

Cela vous aidera à confectionner des looks dans le ou les styles de votre choix : si vous aimez plusieurs vêtements ou accessoires que vous avez remarqué, vous pouvez le ou les retrouver dans les magasins ou sur les sites en ligne et vous aurez votre bonheur ; vous suivez les tendances et vous êtes ancrés dans le courant de la mode.

Il y a des choses qui durent dans le temps, qui se renouvellent, qui ne sont plus appréciés ; chaque année, il y a des choses qui changent, qui restent et qui se rajoutent.

Maintenant, on connaît la plupart des styles vestimentaires dans le domaine de la mode :

- Casual :
  Un style décontracté, cool et confortable à porter : tee-shirt, jeans, baskets
  C'est un style pratique et fonctionnel, qui peut servir de base pour se diversifier ; par exemple, le casual-chic (ajouter une pièce habillée, stylé), un tee-shirt, un blazer bien taillé, un jeans et des talons.
  Beaucoup préfèrent ce style pas compliqué, et aime sa simplicité dans la vie de tous les jours.

-   Sportwear :
    Sportif et décontracté, avec des vêtements
    de sport, jogging, leggings, shorts, sweat,
    baskets, avec le confort qui va avec.
    C'est pratique et normalement destiné à
    votre activité sportive, ce style se déclasse
    en se portant dans la rue pour d'autres
    occasions.
    Il devient de plus en plus branché et évolue
    avec des matières, des couleurs, des coupes
    et devient vraiment une tendance qui
    cartonne.

-   Chic :
    Ce style se décline de plusieurs façons avec
    d'autres styles connus de tous : il rajoute un
    côté controverse au style initial, et fais
    souvent appel aux accessoires comme les
    bijoux ou les sacs pour donner un aspect
    impactant aux looks.

-

  Opte pour des vêtements de qualité, bien travaillées ; mais généralement les coupes sont plutôt classiques dans le raffinement et l'élégance.
  Ce style est caractérisé par des pièces près du corps, cintrées, bien ajustées, où la qualité et les matières sont primordiales. Les ensembles tailleurs et les robes sont très primés.

-

  Comme le style sophistiqué, celui-ci est synonyme de charisme et de classe.
  Plutôt des vêtements unis, épurés et des coupes raffinées, qui épousent le corps pour que vous ne passez pas inaperçu devant les autres.

- Glamour :

Un style particulièrement tourné vers la séduction, se mettre en valeur en montrant ses atouts, sans complexe, mais sans être dans le vulgaire.

Souvent les femmes qui ont ce style très féminin, raffiné et qui accentue sur la taille, la poitrine et les hanches ; les talons sont la valeur sûre pour un look glamour.

Oser des tons plus provocateurs mais tout en gardant cette élégance qui capte le regard des autres.

- Androgyne :

Style féminin-masculin, avec le plus souvent, les ensembles smokings « oversize ».

Des vêtements à la coupe typiquement masculine que vous voulez porter même pour une femme : jeans « boyfriend », blouson, grande veste militaire, grand manteau, chemise, tee-shirt large etc…

Un mixte très stylé et avec quelques accessoires féminins, évite ce côté viril d'homme.

- Classique :
  Un look classique se caractérise par des coupes sans excès, travaillées mais simple dans la forme ; un style conventionnel sans motifs, des couleurs unis, basiques mais avec un côté propre et soigné.

- Rétro :
  Style d'avant, on peut également parler de « vintage », des années 50 et autres.
  Des vêtements qu'on portait il y a plusieurs années, classiques de l'époque mais qu'on peut porter à sa façon ; des combinaisons de couleurs et de motifs, des coiffures très précises.
  Des looks originaux, atypiques et extravagants pour certains, simples pour d'autres : taille cintrée, épaulettes, talons aiguilles ou plateformes pour les femmes, pantalons droits et veste courtes pour les hommes.

- **Bohème :**
Ce style renvoie à la mode hippie, avec ses pantalons larges, les hauts déchirés, amples, à motifs, les accessoires dans les cheveux, les lunettes de couleurs, du daim, des fleurs, des motifs ludiques que minimalistes.

- **Rock :**
Style original et extraverti, looks très branchés avec provocation.
L'inaperçu n'existe pas, on le voit, faut oser et ça impose.
Les coupes sont simples mais les tissus sont très caractéristiques de ce thème.
On y retrouve du cuir, du métal, des couleurs plutôt sombres, du jeans, du délavé.
Entre accessoires métalliques, texturés, cloutés, strassés, les chaines et les vestes en cuir, les jeans déchirés parfois, les blousons, les bottes.
Souvent cassé par des pièces qui n'ont complètement rien à voir mais rajoute une touche de douceur ; des talons hauts, des robes en dentelle ou des chemises bien coupées, à carreaux.

- Romantique :

Look très girly, beaucoup de robes, les coupes sont légères et fluides.
Tissus fins et soyeux, de la dentelle, du voilage, des couleurs pastel, claires, neutres.
De la soie, de la mousseline, parfois du satin, des tissus doux, pour les femmes.
C'est un style raffiné et délicat, même si pour les hommes, on retrouve des matières plus nobles comme le velours, le cachemire.

- Artistique :

Style très créatif, où vous pouvez exprimer votre originalité comme vous le souhaitez.
Couleurs et motifs les plus audacieux possibles, les coupes des vêtements toujours plus inventives et innovatrices ; qui attirent la réflexion des gens.
Avec des créations personnelles, excentriques qui attirent l'œil, on y retrouve des tissus comme le daim, le lin, le coton.
Des franges, des rayures, des pièces comme des longs manteaux, des longues robes, des lunettes, des chapeaux melons.

Il y a les plus connus ici, et il y en a beaucoup
d'autres mais c'est tellement large maintenant, que
des nouveaux styles se créent de plus en plus dans
la mode.

Vous pouvez adopter un ou plusieurs de ces styles,
les mélanger à votre convenance.

Et si on veut un autre style, que ceux que tu as présenté ?
Plusieurs styles me plaisent, c'est parfait !!
De mes formes naît la beauté !!

Pour créer votre style, il faut combiner des vêtements, plusieurs types ou rester dans une même ligne ou coupe mais des pièces qui vous plaisent, sinon ce n'est pas intéressant.

C'est également allier confort, proportion et morphologie

Votre style est lié à votre personnalité, à vos idées, à ce qui vous inspire.

Pour trouver votre style, il faut savoir ce que vous aimez et ce que vous n'aimez pas ; faire des essayages, des assemblages de vêtements et d'accessoires, si vous voulez en porter également.

Rien de vous empêche de vous inspirer de modèles, de styles, de looks que vous voyez, pour agencer vos looks comme vous le voulez.

Au fur et à mesure, vous verrez l'esprit que vous voulez dégager en portant vos looks et même, on ne s'est jamais, inventer un style à vous et peut-être le partager aux autres.

Observer les coupes des vêtements et vérifier si cela est adapté avec votre corps, car l'essentiel est que cela correspond bien à votre silhouette et vous mette en valeur, tout en respectant vos préférences.

Vous pouvez le faire mais attention, il ne faut pas que vous tombiez dans l'excès.

Eviter de mélanger plus de 2 ou 3 styles en même temps.

Il y a des styles qui se ressemblent comme le sophistiqué, le chic et l'élégant, le sportwear et le streetwear, le casual et le naturel etc…

Il y a des styles qui sont très différents et sont à l'opposé l'un de l'autre, mais s'accordent très bien comme le casual-chic, le rock-bohème, le rock-romantique.

Plusieurs combinaisons de styles que vous aimez, qui apportent un côté original et déterminent encore davantage votre personnalité.

Vous ne vous reconnaissez pas dans un seul style et vous voulez apporter quelque chose de plus, optez pour cette option.

Partir d'un style existant :

Alors dans ce cas, vous choisissez un style que vous aimez, cela peut être n'importe lequel, du moment, que cela vous plaît.

Plusieurs choix : soit, vous restez dans les mêmes tons au niveau des couleurs, soit, dans les mêmes tissus caractérisant ce style, soit, les mêmes accessoires et vous changez les types de vêtements.

Soit, vous gardez les mêmes coupes de vêtements et soit vous changez les accessoires.

Soit, vous gardez un élément du style et le reste, un basique de votre garde-robe ou un élément simple, neutre.

Exemple :

Dans le style rock, vous pouvez avoir un look total de la tête aux pieds mais vous pouvez également, porter une veste en cuir, avec les accessoires à clous, mais vous mettez à l'opposé, un tee-shirt blanc uni, un jean coupe droite bleu foncé et une petite paire de baskets blanches.

Vous gardez un ou plusieurs éléments du style choisi mais vous cassez avec des basiques.

C'est similaire quand vous mélangez plusieurs styles mais moins élaboré, plus soft.

Prenons un cas simple, la veste blazer.

C'est un vêtement pratique, efficace, qu'on peut porter à diverses occasions, toute l'année, et se décline en plusieurs coloris et matières.

Généralement, c'est une pièce de travail mais de plus en plus, on la porte dans la vie de tous les jours, hors activité professionnelle.

Maintenant elle est considérée comme un basique qu'il faut avoir dans votre garde-robe : elle peut être porter de plusieurs façons.

- Avec un top, un jean et des baskets
- Avec une chemise, une jupe et des talons
- Avec une robe et des talons
- Avec un top, une jupe et des cuissardes
- Avec une combinaison
- Avec sans haut en dessous, un pantalon et des talons
- Etc…

Vous pouvez varier les motifs, ou rester dans l'uni, varier les couleurs, la coupe car il existe des blazers courts, mi-longs, longs, et souvent le col ou les manches sont diverses.

Prenons un cas plus original, le pantalon « flare » dit aussi, le pantalon large, patte d'éléphant.

Autre qu'en jean, le tissu est élastique, souvent en jersey, ou matière plus fluide, on peut le porter le soir ou la journée.

- Avec un crop-top et des baskets
- Avec une veste courte et des talons
- Avec un top et des talons
- Etc…

Varier les motifs, uni, et le plus choisi est en taille haute généralement, même si on le retrouve en taille basse également.

Créer son style en fabriquant ses propres vêtements :

Cette option est dédiée aux fans de la couture ou qui aiment faire les vêtements eux-mêmes.

Vous n'êtes pas obligés d'être un professionnel de la mode, de la couture, ou que vous ayez un métier dans le domaine de la mode pour le faire.

Du moment, que vous aimez coudre et confectionner vos vêtements, que ce soit à la machine ou à la main.

Même si vous êtes débutant, que vous ne savez pas le faire, mais que vous êtes motivez à vouloir faire vos pièces vous-même, vous pouvez regarder des tutoriels vidéo ou écrits sur internet, acheter des livres électroniques ou des livres papier sur la matière, qui vous apprend de A à Z, toutes les étapes de création et de fabrication d'un vêtement.

Une autre solution : même si vous ne savez pas dessiner, vous pouvez faire appel à une personne qui sait coudre, un membre de votre famille, un ami ou un professionnel.

Pour les plus téméraires, s'inscrire à des cours de stylisme, de modélisme, peut t'apprendre beaucoup.

Vous laissez place à votre imagination, vos idées, à tout ce qui vous inspire, cela peut être pas seulement lié à la mode, mais à tout ce qui vous entoure.

Vous pouvez partir d'un modèle de vêtement que vous aimez mais vous recréez avec une coupe différente, ou une chose en moins ou en plus ; ou carrément créer un nouveau vêtement qu'on n'a jamais vu.

Vous avez le choix et vous êtes libres de faire ce que vous voulez.

Vous allez créer un nouveau style ou pas du tout, mais porter ce que vous avez fait, sera un grand plaisir et une satisfaction.

J'ai pu vous décrire à peu-près quelques options qui s'offrent à vous, pour définir votre style vestimentaire, que vous pouvez suivre ou pas.

Cela peut également vous inspirer, vous aider ou vous donner d'autres démarches à suivre pour le faire.

Beaucoup de personnes qui aiment la mode, se posent certaines de ces questions suivantes :

- Quel est mon style vestimentaire ?
- Est-ce que j'ai un style vestimentaire ?
- Comment savoir quel(s) style(s) me plaît ?
- Doit-on obligatoirement en avoir un ?
- Je peux créer mon propre style ?
- J'ai des grosses formes, donc je ne peux pas mettre tout ?
- Etc...

Vous n'êtes pas obligés d'en avoir un mais en tous cas, quel que soit votre morphologie, amusez-vous avec vos vêtements et soyez à l'aise, c'est important.

*La mode est une forme d'expression personnelle,
elle fait partie de votre liberté d'expression.*

« *La Mode se démode, le style jamais.* »

<u>Coco Chanel</u>